HEYNE BÜCHER

ESOTERISCHES WISSEN

LOUISE L. HAY

Liebe das Leben wie dich selbst

NEUE MEDITATIONEN

Deutsche Erstausgabe

Wilhelm Heyne Verlag
München

HEYNE ESOTERISCHES WISSEN
Herausgegeben von Michael Görden
13/9921

Aus dem Amerikanischen übertragen von
Thomas Görden
Titel der Originalausgabe:
LOVING THOUGHTS FOR LOVING YOURSELF
LOVING THOUGHTS FOR INCREASING PROSPERITY
LOVING THOUGHTS FOR A PERFECT DAY
LOVING THOUGHTS FOR HEALTH AND HEALING
erschienen bei Hay House, Carson, California, USA

4. Auflage

Printed in Germany 1998
Umschlaggestaltung: Atelier Bachmann, Reischach
Umschlagillustration: DPH/Superbild,
München-Grünwald
Satz: DTP
Druck und Bindung: Presse-Druck Augsburg

ISBN 3-453-15440-1

Inhalt

Einleitung

Die heilende Kraft des positiven Denkens ist sogar unter Medizinern weithin anerkannt. Die positiven, liebevollen Gedanken auf den folgenden Seiten sind schlicht und einfach positive Affirmationen.

Möglicherweise glauben Sie nicht daran, daß sich auch Ihr Leben durch das Denken positiver Gedanken verändern kann. Doch wie oft haben Sie immer wieder Negatives gedacht, bis es sich schließlich in Ihrem Leben verwirklichte? Warum nicht diese negativen Gedanken in positive verwandeln?

Ich vergleiche positive Affirmationen gerne mit dem Aussäen von Samenkörnern. Wenn man ein Samenkorn in die Erde pflanzt, bekommt man auch nicht gleich am nächsten Tag eine schöne Blume. Dazu braucht es etwas Zeit. Zunächst muß man den Samen ausreichend mit Wasser versorgen und pflegen und ihn vor Schäden schützen. Ebenso ist es mit positiven Affirmationen. Veränderungen stellen sich nicht immer sofort ein, aber mit genügend Aufmerksamkeit und Ermutigung kann man schließlich alte, negative Denkmuster verändern und die Dinge in einem neuen, positiven Licht sehen.

Wenden Sie diese Affirmationen täglich an. Dann werden Sie nach einiger Zeit die Erfahrung machen, daß Ihr Leben eine neue Richtung erhält. Die positive, liebevolle Zuwendung, die Sie sich selbst zum Geschenk machen, wird reiche Früchte tragen.

Alles ist gut,

I.

Liebevolle Gedanken für die Liebe zu sich selbst

Heute...

ist die Liebe in meiner
Welt ein Spiegel für die
Liebe in mir.

Heute ...

bin ich selbst die Quelle
meiner liebevollen
Beziehungen zu meinen
Mitmenschen.

Heute...

liebe ich mich und sorge
gut für mich.

HEUTE…

öffne ich mich
für die Regungen meines
Herzens.

Heute...

liebe ich mich ein kleines
bißchen mehr.

Heute …

vollbringt die Liebe
Wunder in meinem
Leben.

Heute...

gibt es nichts
Heilsameres als
die Liebe.

HEUTE…

öffnet mir Vergebung
die Tür zu meiner Liebe.

Heute...

helfe ich mit, eine Welt
zu erschaffen, in der
wir einander gefahrlos
lieben können.

Heute ...

empfange ich
um so mehr Liebe,
je mehr Liebe ich gebe.

Heute...

fällt es mir mit jedem
Tag leichter, zu lieben.

HEUTE...

bleibt meine Liebe zu
mir selbst bestehen,
aufrichtig und wahr, was
auch geschehen mag.

Heute...

werde ich den Tag
nutzen, um mich selbst
mehr zu lieben.

Heute ...

wartet die Liebe auf
mich, ganz gleich, wohin
ich gehe oder wem ich
begegne.

Heute...

wartet irgendwo jemand
genau auf das, was ich
zu geben habe.

HEUTE...

werden meine
Beziehungen zu anderen
Menschen schöner und
liebevoller, wenn ich
mich entspanne und
mich so akzeptiere,
wie ich bin.

Heute...

ist es schön und
ungefährlich, sich für die
Liebe zu öffnen.

Heute ...

ist Liebe mein
göttliches Recht.

Heute...

habe ich viele Freunde,
die mich lieben.

HEUTE...

fügt sich in meinem
Leben alles bestens,
wenn ich mich selbst
wirklich liebe.

Heute...

schenke ich mir
bedingungslose Liebe.

Heute ...

habe ich um so mehr Liebe, je mehr Liebe ich gebe.

Heute...

fällt es mir leicht, wenn
ich in den Spiegel
schaue, zu sagen:
»Ich liebe dich. Ich liebe
dich wirklich.«

HEUTE…

lasse ich meine
Mitmenschen teilhaben
am Überfluß des
Brunnens der Liebe in
mir, der nie versiegt.

Heute...

bin ich liebenswert.

Heute ...

fällt es mir leicht,
mich selbst und meine
Mitmenschen zu lieben.

Heute…

segne ich meine Eltern
liebevoll und gebe ihnen
die Freiheit, auf ihre
Weise glücklich zu sein.

HEUTE...

habe ich ein
harmonisches,
liebevolles Verhältnis
zu meiner ganzen
Familie.

Heute...

können wir alle
in Frieden leben, wenn
wir unsere Liebe
miteinander teilen.

Heute ...

ist alles gut in meiner
liebevollen Welt.

II.

Liebevolle Gedanken für wachsenden Wohlstand

Heute…

entscheide ich mich dafür,
Wohlstand in mein Leben
zu ziehen.

Heute…

akzeptiere ich ein Leben,
das reich an Belohnung
und Erfüllung ist.

Heute…

ist alles, was ich beginne,
ein Erfolg.

Heute…

kann ich dankbar
Geschenke annehmen.

Heute…

erschaffe ich mir ein gutes Leben, weil ich ein solches Leben verdiene.

Heute…

lasse ich zu,
daß Wohlstand auf neue
Weise in mein Leben
treten kann.

Heute...

erfreue ich mich an der
Fülle des Lebens und bin
dankbar für alles,
was ich habe.

Heute...

vertraue ich darauf,
daß das Leben mich mit
allem versorgt,
was ich brauche.

Heute…

werden mir unerwartet
und überraschend reiche
Segnungen zuteil.

Heute…

werden alle meine
Bedürfnisse und Wünsche
erfüllt, noch ehe ich
darum bitte.

Heute…

lasse ich zu,
daß mein Einkommen
stetig wächst.

Heute…

öffne ich mich für die
Reichtümer im Ozean
des Lebens.

Heute…

werden meine Bedürfnisse
vom Leben großzügig
befriedigt.

Heute…

ist es mein Geburtsrecht,
teilzuhaben an der Fülle
und dem Reichtum
dieser Welt.

Heute...

ist mein Reichtum
grenzenlos.

Heute…

bin ich offen
und empfangsbereit für
neue Einkommensquellen.

Heute…

kommt mein Gutes von
überall her, von allem
und jedem.

Heute…

bin ich offen für alle
meine Möglichkeiten.
Ich verdiene das Beste
im Leben.

Heute…

schützt und erhält mich
das Universum auf allen
meinen Wegen.

Heute...

nehme ich mit Freude
und Dankbarkeit
alles Gute an, das mir
das Leben bietet.

Heute…

sind meine Gedanken
auf Wohlstand gerichtet,
und Wohlstand
wird folgen.

Heute…

befreie ich mich vom
Glauben an Mangel und
zweifle nicht länger an
meinen Fähigkeiten.

Heute…

beginnt eine neue Zeit
des Wohlstandes und
der Sicherheit.

Heute…

lasse ich Wohlstand
und Glück in mein Leben.

Heute…

segne ich meine
Rechnungen liebevoll und
bezahle sie freudig.

Heute...

bin ich sicher und
geborgen und habe
genug Geld.

Heute…

danke ich für alles Gute
und allen Reichtum in
meinem Leben.

Heute…

öffnen sich mir
neue Türen.

Heute…

ist mein Leben reich an
Wundern.

Heute…

ist alles gut in meiner
reichen Welt.

III.
Liebevolle Gedanken für einen perfekten Tag

Heute...

beginnt mein Tag
mit Dankbarkeit
und Freude.

Heute...

bin ich bereit, mich
von allen negativen
Glaubenssätzen zu
befreien, und lasse
zu, daß meine tiefere
Weisheit sich mir
offenbart.

Heute...

öffne ich
eine neue Tür
der Erkenntnis.

Heute…

bin ich eifrig bestrebt,
meine Einsicht
und Erkenntnis
zu vertiefen.

Heute…

gibt es für mich
jeden Tag etwas
Neues zu lernen.

Heute...

entscheide ich mich
für Gedanken,
die stärkend
und hilfreich sind.

Heute...

finde ich
Geborgenheit
in allen Lebenslagen,
indem ich immer
ganz ich selbst bin.

Heute…

entspanne ich mich.
Ich weiß, ich bin stets
zur rechten Zeit am
rechten Ort und
handle immer richtig.

Heute...

steht mir alle
Weisheit des
Universums
zur Verfügung.

Heute…

werden alle meine
Bedürfnisse erfüllt
und alle meine
Fragen beantwortet.

Heute...

kann ich ganz auf
meine Intelligenz,
meinen Mut und
meine persönliche
Kraft vertrauen.

Heute…

ruhe ich ganz
in Weisheit und
Wahrheit.

Heute...

weiß ich, daß alles
in meinem Leben
immer zum richtigen
Zeitpunkt und am
richtigen Ort
geschieht.

Heute…

öffnet sich mir eine
neue Tür zu
Selbstachtung und
Selbstvertrauen.

Heute...

wird mein Leben
schöner.

Heute…

akzeptiere ich
liebevoll meine eigenen
Entscheidungen, denn
ich weiß, daß ich
immer die Freiheit
habe, mich zu
verändern.

Heute...

schreite ich mit
Vertrauen und
Leichtigkeit voran.

Heute…

vertraue ich darauf,
daß die Göttliche
Weisheit und
Führung mich
beschützen.

Heute...

lausche ich auf mein
inneres Selbst und
erhalte von dort die
Antworten, die ich
brauche.

Heute…

sehe ich in mir ein
wunderbares Wesen,
das sehr weise und
schön ist.

Heute...

wird mir alles
enthüllt, was ich
wissen muß.

Heute...

löse ich mich von
dem Bedürfnis,
mir selbst oder
anderen Menschen
Vorwürfe zu machen.

Heute...

werde ich sicher geführt, so daß ich die richtigen Entscheidungen treffe.

Heute…

fallen Gewohnheiten
und Glaubenssätze
von mir ab, die nicht
länger meinem
Wohlergehen dienen.

Heute...

meint es das Leben
gut mit mir und
bringt mir nur
positive Erlebnisse.

Heute...

finde ich heraus,
wie kraftvoll und
reich an Talenten
ich bin.

Heute...

finde ich in mir
die Kraft für positive
Veränderungen.

Heute…

wächst meine
Selbstachtung.

Heute…

weiß ich, daß mein
Leben ein
wunderbares
Geschenk ist, und
blicke voller Freude
in die Zukunft.

Heute…

ist alles gut in meiner
liebevollen Welt.

IV.
Liebevolle Gedanken für Gesundheit und Heilung

Heute ...

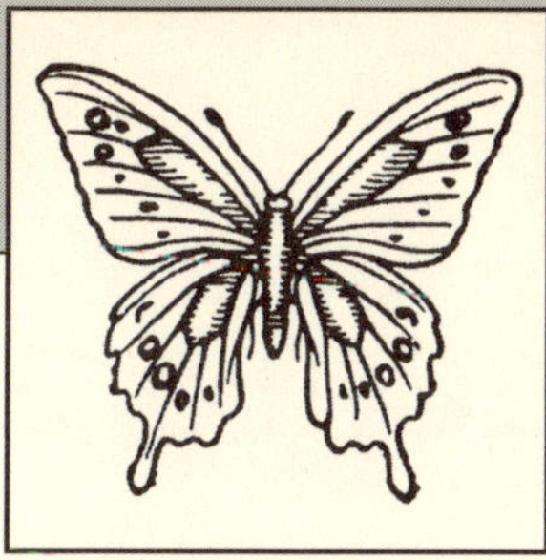

entscheide ich mich dafür,
glücklich, gesund und heil
zu sein.

Heute …

ist ein Tag der Heilung.

Heute …

achte ich liebevoll auf
die Botschaften
meines Körpers.

Heute …

arbeiten mein Körper,
mein Geist und meine
Seele auf gesunde Weise
zusammen.

Heute ...

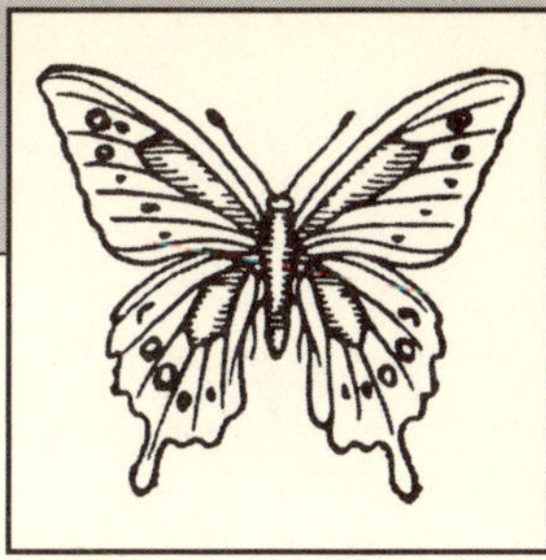

ist es wunderschön,
in meinem Körper
zu leben.

Heute …

öffne ich mein Herz
und lasse meine
Heilenergie frei fließen.

Heute ...

reagiert jede Zelle in meinem Körper auf jeden Gedanken, den ich denke. Daher wähle ich positive, klare und liebevolle Gedanken.

Heute ...

denke ich daran,
tief zu atmen und während
des Tages immer wieder
Körper und Geist
zu entspannen.

Heute ...

lasse ich zu, daß die Liebe
aus meinem eigenen
Herzen mich durchströmt
und jede Zelle meines
Körpers und alle meine
Gefühle reinigt
und heilt.

Heute …

ist es, wie an jedem Tag,
der natürliche Wunsch
meines Körpers, gesund,
heil und stark zu sein.

Heute ...

spüre ich in mir
wunderbare, dynamische
Energie.

Heute ...

geht es mir
gesundheitlich immer
besser und besser.

Heute ...

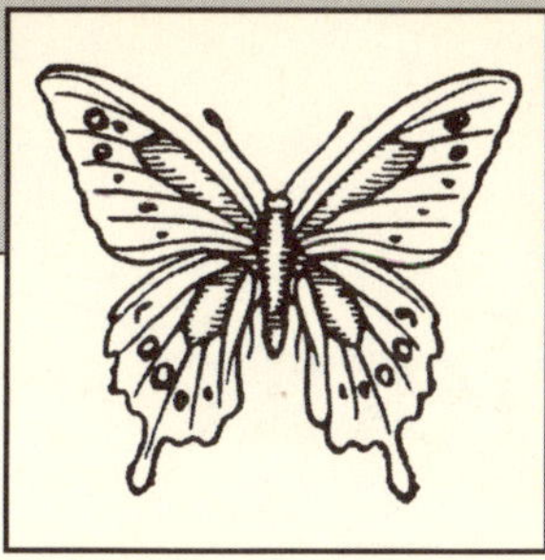

herrscht völlige Harmonie
zwischen meinem Körper
und meinem Geist.
Ich bin gesund und
im Gleichgewicht.

Heute …

erkenne ich, was für
eine wunderbare
und großartige Schöpfung
mein Körper ist,
und ich bin dankbar,
in ihm leben zu dürfen.

Heute …

nehme ich den kostbaren
Atem des Lebens in mich
auf und lasse zu, daß mein
Körper, mein Geist und
meine Gefühle sich
beruhigen und entspannen.

Heute …

sehe ich großartig aus und
fühle mich großartig.

Heute …

habe ich Freude daran,
liebevoll für mich selbst zu
sorgen.

Heute ...

akzeptiere ich meinen
Körper genau so,
wie er ist.

Heute ...

bin ich dankbar für meine vollkommene, blühende Gesundheit.

Heute …

kehren Kraft und
Wohlbefinden in meinen
Körper zurück.

Heute …

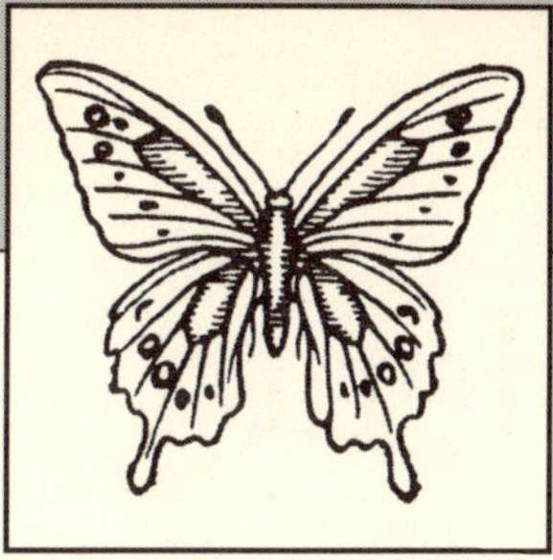

höre ich auf meinen
Körper und kümmere mich
liebevoll um ihn.

Heute ...

weiß ich,
daß ich es verdiene,
gesund zu werden.

Heute ...

habe ich ein gutes,
liebevolles Verhältnis
zu meinem
Arzt/Therapeuten.

Heute …

gelange ich zu Heilsein
und Gesundheit,
indem ich mich selbst
liebevoll annehme.

Heute ...

reagiert jede Zelle
meines Körpers positiv
auf meine positiven
geistigen Bilder.

Heute …

ist strahlende Gesundheit
mein ständiger Begleiter.

Heute ...

ziehe ich alles in mein
Leben, was ich benötige,
um vollkommen gesund zu
werden.

Heute ...

weiß mein Körper,
wie er seine Gesundheit
erhalten oder
wiederherstellen kann.

Heute …

liebe und achte ich jedes Organ, jeden Muskel, jedes Gelenk und jede Zelle meines Körpers.

Heute …

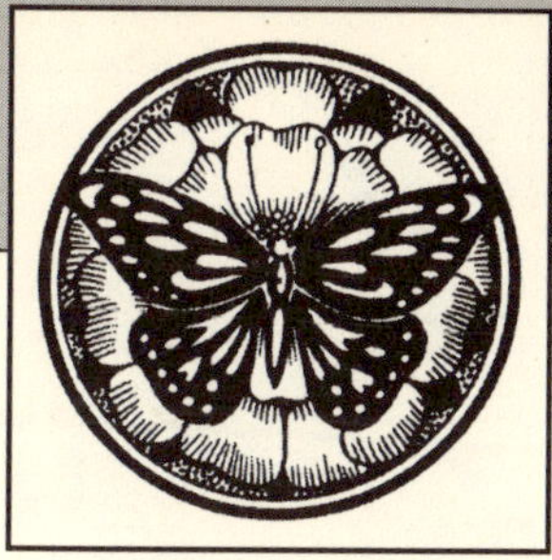

ist alles gut in meiner gesunden Welt.